F. BROU de CUISSART

L'ANOBLISSEMENT

DE LA

Famille de Jeanne d'Arc

Confirmations et maintenues
de noblesse en faveur de ses descendants
en ligne féminine
jusqu'au XIXe siècle

LA FAMILLE BROU DE CUISSART

EDITIONS DE LA *REVUE HÉRALDIQUE*
PARIS

1909

F. BROU de CUISSART

L'ANOBLISSEMENT

DE LA

Famille de Jeanne d'Arc

Confirmations et maintenues
de noblesse en faveur de ses descendants
en ligne féminine
jusqu'au XIXe siècle

LA FAMILLE BROU DE CUISSART

EDITIONS DE LA *REVUE HÉRALDIQUE*
PARIS
—
1909

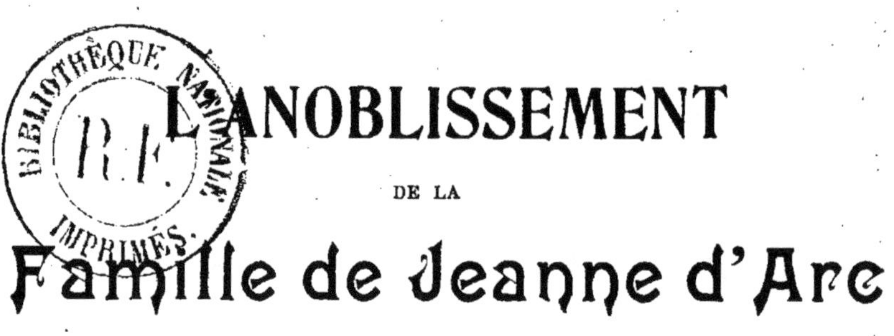

L'ANOBLISSEMENT DE LA Famille de Jeanne d'Arc

Jeanne d'Arc venait de sauver le royaume; non seulement elle avait reconquis Orléans, ce boulevard de la France, cette clé des provinces du Midi, non seulement elle avait fait rentrer dans l'obéissance du souverain une partie considérable de ses Etats, mais encore, mais surtout, grâce à elle, à sa valeur, à son inspiration, la France avait repris confiance en elle-même et avait, enfin, conscience de sa force basée sur le droit.

Il fallait à de si éclatants services une récompense non moins éclatante et il n'en était aucune qui fût plus haute que l'admission dans l'ordre de la Noblesse. Ce fut donc la noblesse que le Roi octroya à Jeanne. Mais ce ne fut pas Jeanne seule qu'il anoblit, ce fut toute sa famille. Du reste, deux de ses frères, Pierre et Jean, avaient combattu à ses côtés et « devaient être à l'honneur après s'être trouvés à la peine ». Les lettres d'anoblissement comprirent donc Jeanne, son père, sa mère, ses frères et, ce qui rend cet anoblissement unique en France, « en contemplation d'icelle Jeanne », *toute leur postérité mâle et femelle, née et à naître en légitime mariage et toute leur parenté et lignage.*

On sait qu'en France la noblesse se transmettait uniquement par les mâles. Charles VII entendit qu'il en fût autrement dans la famille de celle à qui il devait sa couronne et, en faveur de son sexe, voulut non seulement que les femmes de cette famille et des familles alliées à elle, épousant des roturiers, transmissent la noblesse à leurs enfants, mais encore *anoblissent leurs maris eux-mêmes.*

Voici ces lettres, traduites du latin (Archives Nationales, rej. J. J. 260, N° 306) :

«Charles, par la Grâce de Dieu, Roi de France pour perpétuelle mémoire. A cette fin de glorifier les très abondantes et insignes faveurs dont le Très-Haut nous a comblé, et que, nous l'espérons, sa divine miséricorde daignera nous continuer, par le moyen et le concours éclatant de la Pucelle, notre chère et bien aimée Jeanne d'Arc, de Domrémy, au baillage de Chaumont ou dans son ressort, et pour célébrer à la fois les mérites de ladite Pucelle et les louanges divines, nous estimons convenable et opportun de l'élever, elle et toute sa parenté, aux honneurs et dignités de notre majesté royale, de sorte que, illustrée par la grâce divine, elle laisse à sa race un souvenir précieux de notre royale libéralité, et que la gloire de Dieu, ainsi que la renommée de tant de bienfaits se perpétue et s'accroisse dans tous les siècles. C'est pourquoi nous faisons savoir à tous, présents et à venir, que, eu égard à ce que dessus, considérant en outre les agréables, nombreux et recommandables services que Jeanne la Pucelle a déjà rendus et rendra à l'avenir, nous l'espérons, à nous et à notre royaume, et pour autres certaines causes à ce nous mouvant, nous avons anobli ladite Pucelle, Jacques d'Arc, du dit lieu de Domrémy, et Isabeau sa femme, ses père et mère, Jacquemin et Jean d'Arc et Pierre Pierrelot, ses frères, et toute sa parenté et lignage, et, en faveur et contemplation d'icelle Jeanne, toute leur postérité mâle et femelle, née, et à naître, en légitime mariage, et par les présentes, de notre grâce spéciale, certaine science et pleine puissance, les anoblissons et déclarons nobles ; voulant que ladite Pucelle, les dits Jacques, Isabeau, Jacquemin, Jean et Pierre, et toute la postérité et lignage de ladite Pucelle, ainsi que les enfants d'eux, nés et à naître, soient par tous tenus et réputés nobles, dans leurs actes, en justice et hors justice, et qu'ils jouissent et usent paisiblement des privilèges, franchises, prérogatives et autres droits dont sont accoutumés de jouir, en notre royaume, les autres nobles, extraits de noble lignée, lesquels et leur dite postérité nous faisons participer à la condition des autres nobles de notre royaume, nés de noble race, nonobstant qu'ils n'aient, comme dit est, une origine noble, et qu'ils soient peut-être d'autre condition que de condition libre. Voulant aussi que les susnommés, ladite parenté et lignage de la Pucelle, et leur postérité mâle et femelle puissent, quand et toutes fois qu'il leur plaira, obtenir et recevoir de tout chevalier les insignes de la chevalerie. Leur permettant, en outre, à eux et à leur postérité tant masculine que féminine, née et à naître en légitime mariage, d'acquérir des personnes nobles et autres quelconques tous fiefs, arrière-fiefs et biens nobles, lesquels, acquis ou à acquérir ils pourront et leur sera permis avoir, tenir et posséder à toujours, sans qu'ils puissent être contraints, maintenant ni au temps à venir, à s'en dessaisir par faute de noblesse. Pour lequel anoblissement ils ne seront tenus ni forcés de payer aucune finance à nous ni à nos successeurs; de laquelle finance, en considération et regard de leurs ancêtres, nous avons de pleine grâce fait don et remise aux susnommés et à ladite parenté et lignage de la Pucelle, et par les présentes leur en faisons don et remise, nonobstant toutes ordonnances, statuts, édits, usages, révocations, coutumes, inhibitions et mandements, faits ou à faire, à ce contraires. Pour ~~pourquoi nous faisons savoir à tous, présents et à venir, que, en~~ quoi, nous donnons en mandement par lesdites présentes à nos amés et féaux, les gens de nos comptes, aux trésoriers généraux et commissaires ordonnés ou à ordonner sur le fait de nos finances, et au bailli dudit baillage de Chaumont, et à nos autres justiciers ou leurs lieutenants présents et à venir et à chacun d'eux, en tant qu'il lui appartiendra, qu'ils fassent et laissent ladite Jeanne la Pucelle, et leur postérité susdite, née et à naître, comme dit est, en légitime mariage, jouir et user paisiblement de nos présente grâce, anoblissement et octroi, maintenant et au temps à venir, sans leur faire ni souffrir qu'il leur soit fait aucun trouble ni empêchement contre la teneur des présentes. Et pour que ce soit chose ferme et stable à toujours, nous avons fait apposer aux présentes notre sceau en l'absence de notre grand sceau, sauf entre autres choses notre droit et le droit d'autrui en toutes. Donné à Meun-sur-Yèvre, au mois de décembre, l'an du Seigneur mil quatre cent vingt-neuf, et de notre règne le huitième.

Sur le repli: Par le Roi, l'évêque de Seez, les Srs de la Trémoille, de Trèves et autres présents. *Signées* ALLIERE et *scellées sur lacs de soie rouge et verte du grand sceau de cire verte.*

Et plus bas: Expédiée en la chambre des Comptes du Roi, le seizième du mois de janvier, l'an du Seigneur mil quatre cent vingt-neuf et y enregistrée au livre des Chartes du temps, folio CXXI. *Signé:* AGRELLE. »

Voyons, par ordre de dates, quelle fut l'application de cet anoblissement unique en son genre et à quelles maintenues et confirmations de noblesse il a donné lieu en faveur des descendants de la famille de la Pucelle en ligne féminine :

3 octobre 1501. — Sentence du Prévôt d'Orléans;

27 janvier 1525. — Sentence du bailli de Chaumont-en-Bassigny « pour la conservation des privilèges de la famille de la Pucelle »;

octobre 1550. — Lettres de confirmation de Henri II en faveur de Robert Le Fournier, baron de Tournebu et de Lucas du Chemin, son neveu « pour eux et leurs parents issus et descendus de la lignée de la Pucelle »;

17 juin 1555. — Lettres patentes de confirmation de noblesse, données à Paris, en faveur de Jean Le Royer, de la famille de Jeanne d'Arc;

2 juillet 1556. — Robert Le Fournier, baron de Tournebu et Charles Le Fournier, son frère, sieur de Boisthenon, lieutenant général de la vicomté de Caen, obtiennent du roi Henri II des lettres de maintenue de noblesse, comme étant « de la race de Jeanne d'Arc »;

30 juin 1565. — Le Parlement de Rouen donne arrêt « en faveur de Nicolas du Chemin, sieur du Féron, appelant, le Procureur général du Parlement prenant la cause pour le Procureur général de la Cour des Aides, intimé »;

15 septembre 1565. — Ce privilège est encore compris dans les lettres patentes données à La Rochelle, dressées sur les *Mémoires* de M. Nicolas Le Comte, seigneur de Draqueville, maître des Requêtes de l'Hôtel du Roi;

19 août 1576. — Jean et Nicolas du Chemin, enfants de Lucas du Chemin, sieur du Féron, ont en leur faveur un arrêt des commissaires des Francs-Fiefs, assemblés à Paris;

3 février 1580. — Le Conseil privé donne un arrêt pour Jean Marguerie, sieur de Sortival, élu en l'élection de Caen; pour Adam Dodeman, sieur de Placy; pour Jeanne Marguerie, sa femme; pour Jacques Fauvel, sieur du Fresnay, lieutenant en l'Amirauté de France, au siège d'Oistreham; pour Charles Noël, sieur de Denonville, et autres, descendus de Jeanne Le Fournier et de ses sœurs issues de Marie de Villebresme, fille de Catherine du Lys, descendue de Pierre du Lys et de Jeanne de Prouville, son père et sa mère;

10 juillet 1596. — Jean Hordal, conseiller d'Etat du duc de Lorraine, obtient de ce prince des lettres de confirmation de noblesse en qualité de descendant de la famille de la Pucelle en ligne féminine;

22 juin 1599. — Les commissaires des Francs-Fiefs donnent, du consentement du Procureur général, un arrêt qui reconnaît la noblesse de Guillaume Le Verrier, sieur de Tourville, assesseur en la vicomté de Valognes, comme ayant épousé Denise du Chemin, fille de Lucas du Chemin, sieur du Féron, et de Jeanne Le Fournier, fille de Marie de Villebresme, fille de Catherine du Lys, fille de Pierre du Lys, frère de la Pucelle;

31 juillet 1603. — Charles Baillard, sieur de Flametz, lieutenant criminel du bailliage de Caux, à Neufchâtel, obtient des lettres patentes du roi Henri IV, pour être maintenu en qualité de noble et d'écuyer, « à cause de sa parenté avec la Pucelle d'Orléans ». Il était fils de Germain Baillard, élu en l'élection de Neufchâtel, et de Madeleine Garin, fille de Robert Garin et d'Anne Patris, fille d'Etienne Patris, docteur et professeur aux droits de l'Université de Caen, conseiller au Parlement de Rouen et garde des Sceaux de cette Cour, natif de Beaucaire en Languedoc, et de Jeanne Le Fournier, fille de Jacques Le Fournier et de Marie de Villebresme, fille de François de Villebresme et de Catherine d'Arc, fille de Pierre d'Arc, frère de la Pucelle;

1er août 1608. — Henri IV expédie des lettres patentes enregistrées à la Cour des Aides de Rouen, la même année, en faveur de Thomas de Troismonts, sieur de la Mare, conseiller au Présidial de Caen, parce qu'il avait épousé Charlotte Ribaut, fille de Jean Ribaut, sieur du Mesnil-Saint-Jore, Receveur des décimes au diocèse de Bayeux, et de Madeleine Patris, petite-nièce de la Pucelle;

1625. — Gilles Hallot, sieur de Martagny, avocat du roi au bailliage de Caen, obtient des lettres semblables, à cause de Charlotte Bourdon, sa femme, « descendue de la race de la Pucelle ». Elles furent vérifiées à la Cour des Aides de Rouen en 1625 pour « jouir des privilèges de noblesse avec sa femme et leurs enfants »;

28 mai 1634. — Jean Brunet, seigneur de Saint-Maurice, fils de Pierre, domicilié en la paroisse de Sainte-Mère-Eglise, élection de Carentan, est maintenu dans sa noblesse, en vertu du privilège accordé aux descendants des frères de Jeanne d'Arc, d'abord le 28 mai 1634, par jugement rendu à Valognes, de l'intendant d'Aligre, puis en 1666, par jugement de Chamillart, intendant de Caen, comme descendant de Catherine d'Arc, fille de Pierre d'Arc, le chevalier du Lys, frère de Jeanne d'Arc par les Le Fournier et les Villebresme;

12 juillet 1640. — Robert Le Comte, sieur de Saint-Evrout, qui avait épousé Anne de Troismonts, fille de Charlotte Ribaut, dont on a déjà parlé, obtient de la Cour des Aides, séante à Caen, un arrêt le maintenant dans sa noblesse comme époux d'une descendante, en ligne féminine, de la famille de la Pucelle;

31 mai 1656. — Par arrêt du Conseil d'Etat tenu à Paris, Jean-François Hallot, sieur de Martagny, avocat du roi au bailliage de Caen, est « déclaré noble, comme descendu par Charlotte Bourdon, sa mère, en ligne féminine, de la race de la Pucelle, étant fille de Guillaume Bourdon, sieur de Roquereul, Contrôleur des finances en la généralité de Caen, et d'Antoinette Ribaut, sœur de Charlotte Ribaut »;

22 mars 1666. — Par un autre arrêt des commissaires du Conseil assemblés à Paris, l'an 1667, « donné en exécution de la déclaration du roi du 22 mars 1666 », Philippe Baratte, sieur de Vergenetté, Louis Doüesy, sieur de Caumont, et Jean Doüesy, son frère, sieur d'Ardaine, de l'élection de Falaise, généralité d'Alençon, sont maintenus « dans la noblesse de la Pucelle d'Orléans. »

« Il y a plusieurs autres arrêts et sentences qui déclarent no-

« bles les parents de la Pucelle, tant ceux qui portoient le nom « de du Lis, que ceux même qui portoient d'autres noms de di« verses familles », ajoute La Roque, qui cite les arrêts précédents. (*Traité de la Noblesse:* de la noblesse de Jeanne Day ou d'Arc).

Continuons:

19 mai 1670. — Un arrêt est rendu par le Conseil d'Etat par lequel Claude-François de Gratas, écuyer, seigneur de Baulmy, Saint-Julien, etc., est maintenu dans sa noblesse comme descendu en ligne féminine de Pierre d'Arc, le chevalier du Lys, frère de Jeanne d'Arc;

30 octobre 1674. — Christophe-Louis Le Lièpvre, écuyer, avocat en Parlement, est maintenu dans sa noblesse comme descendant de Pierre d'Arc, le chevalier du Lys, frère de la Pucelle, par les Hordal et les Guillot;

28 novembre 1699. — Une requête est présentée, à la suite de laquelle, sur le vu de la « généalogie de Joseph Le Picart Dulis, écuyer, sieur de Fulaine, et de dame Nicolle Le Picart Dulis, épouse de Messire François Darbamont, conseiller du Roy, Président et Prévost de Vaucouleurs, originaire de Champagne, produite par devant nous, Mgr Larcher, Intendant en la province et frontière de Champagne, au mois de novembre 1699 », les demandeurs sont maintenus dans leur noblesse et privilèges par acte donné à Châlons;

9 octobre 1722 et 4 août 1734. — Par deux sentences rendues par le sénéchal de Fougères, le 9 octobre 1722, en faveur de Gabriel Le Chastelain, écuyer, sieur de Mézières, et, l'autre, le 4 août 1734, en faveur de Bertrand-François Le Chastelain, sieur de La Foucherie, son cousin germain, la noblesse est reconnue et maintenue aux intéressés comme descendants de Jacques Le Chastelain, écuyer, sieur de La Foucherie, petit-fils de Jean Le Chastelain, écuyer, sieur de Mont-Hardy, et de « damoiselle Catherine Le Fournier, la dite Le Fournier, arrière-petite-fille de Jacques Day, frère de Jane Day pucelle d'Orléans », conformément aux « lettres patentes de Charles septième, roi de France.... par lesquelles la race, famille, postérité, tant masculine que fœminine de la dite Pucelle d'Orléans et de ses frères et sœur furent anoblis »;

30 août 1827. — Maintenue et confirmation de noblesse comme descendants d'un frère de Jeanne d'Arc, en faveur de Louis-Auguste Gaultier et d'Eugénie-Catherine-Caroline Gaultier;

24 novembre 1827. — Ordonnance du roi Charles X s'adressant *à tous les membres* de la famille de Jeanne d'Arc, donnée à l'occasion de la demande faite par Mlle Rose-Adine Gaultier; il est utile de la citer en entier:

« Charles, par la grâce de Dieu, roi de France et de Navarre, à tous présents et à venir, salut:

La demoiselle Rose-Adine Gaultier, née à ... le ..., nous fait exposer qu'elle descend en ligne directe et féminine de l'un des frères de Jeanne d'Arc, dite la Pucelle, anoblie ainsi que ses père et mère, ses trois frères et toute leur postérité légitime en ligne masculine et féminine, par le roi Charles VII, l'un de nos prédécesseurs, suivant ses lettres patentes données en 1429, confirmées par celles du roi de France Henri II, données en octobre 1550; que les armoiries qui sont ci-après énoncées avaient été octroyées à ladite Jeanne d'Arc par le même roi Charles VII, que les descendants de ses frères ont obtenu par lettres patentes spéciales et confirmatives accordées en 1612 par le roi Louis XIII, l'autorisation de faire usage de ces armoiries; qu'ainsi, en sa qualité de descendant de la famille de Jeanne d'Arc, elle est habile à jouir de la noblesse et à porter les armoiries à elle accordées et à ladite famille, suivant les lettres patentes susénoncées. En conséquence, la demoiselle Gaultier nous a fait supplier de vouloir bien la maintenir et confirmer dans ses avantages. Et sur le rapport de notre garde des Sceaux, ministre secrétaire d'Etat au département de la Justice, qui nous a présenté les conclusions du Conseiller d'Etat, commissaire pour nous au sceau de France, et l'avis de notre commission du sceau, nous l'avons, par notre ordonnance du 8 août dernier, reconnue comme descendante de la famille de Jeanne d'Arc par la ligne féminine. Et désirant profiter de la faveur que nous lui avons accordée, la demoiselle Gaultier s'est retirée par devant notre garde des Sceaux pour obtenir nos lettres patentes nécessaires.

A ces causes, voulant perpétuer le souvenir des glorieux services rendus à la France par Jeanne d'Arc et faire revivre dans la personne des membres actuels de sa famille les prérogatives accordées par les lettres patentes données en 1429 par le roi Charles VII et celles confirmatives accordées par les rois Henri II et Louis XIII en 1550 et 1612; conformément à notre ordonnance du 8 août dernier, nous avons, de notre grâce spéciale, pleine puissance et autorité royale, reconnu, et par ces présentes signées de notre main, nous reconnaissons ladite demoiselle Gaultier comme descendante de la famille de Jeanne d'Arc par la ligne féminine. En conséquence, nous l'avons confirmée et maintenue, la confirmons et maintenons dans la jouissance et possession de la noblesse, telle qu'elle a été accordée par les lettres patentes sus-énoncées de 1429 à Jeanne d'Arc, dite la Pucelle, à son père, à sa mère, à ses frères et à tout leur lignage et toute leur postérité en ligne masculine et féminine. Voulons qu'elle soit censée et réputée noble, tant en jugement que hors jugement, ensemble ses enfants, postérité et descendance à naître en ligne directe masculine et féminine et légitime mariage. Que comme tels, ils puissent prendre en tous lieux et en tous actes la qualité d'écuyers et jouir des rangs et honneurs réservés à notre noblesse, et qu'ils soient inscrits en ladite qualité aux registres ouverts à cet effet par notre commission du Sceau. Permettons à ladite demoiselle Gaultier et à ses postérité et descendants de porter en tous lieux les armoiries telles qu'elles avaient été octroyées à ladite Jeanne d'Arc, lesquelles sont: *d'azur à la couronne d'or soutenue d'une épée d'argent montée d'or, accostée de deux fleurs de lys du même;* l'écu timbré d'un casque taré de profil, orné de ses lambrequins.

Mandons à nos amés et féaux, conseillers, etc...

Donné à Paris le 24e jour de novembre 1827 etc...

Signé: Charles.

Par le roi:

le garde des Sceaux, *Signé:* Comte de Peyronnet.

Lu, publié, ouï et requérant le procureur général du roi, le 28 décembre 1829, à la Cour royale de Paris, etc... »

On voit que pendant le cours des cinq derniers siècles, le privilège spécial concédé par Charles VII à la famille de Jeanne d'Arc eut tout son effet et qu'en aucune occasion, les souverains ni les commissaires chargés de la recherche des faux nobles n'hésitèrent à reconnaître les droits des descendants en ligne féminine de la famille de la Pucelle et à confirmer ceux-ci dans la noblesse telle qu'elle avait été octroyée par les lettres de 1429. L'ordonnance de Charles X constituait même une invitation à faire valoir ces droits qu'il venait de déclarer incontestables.

Examinons maintenant, quels sont précisément ceux qui forment la « famille de Jeanne d'Arc », et qui jouissent du privilège spécial octroyé par Charles VII. Les termes de la Charte sont précis : « ... nous avons anobli ladite Pucelle, Jacques d'Arc, dudit lieu de Domrémy et Isabeau, sa femme, ses père et mère, Jacquemin et Jean d'Arc et Pierre Pierrellot, ses frères et toute sa parenté et lignage, et, en contemplation d'icelle Jeanne, toute leur postérité mâle et femelle, née et à naître en légitime mariage... » Ce sont donc les fils et les filles des frères de la Pucelle et de ses parents collatéraux et les enfants de ceux-ci, des deux sexes, à perpétuité. Il n'y en a pas d'autres, le texte est formel ; les pères de ces enfants, devenus époux de femmes de la famille de Jeanne d'Arc, ne sont qu'*alliés* à cette famille et n'en faisant pas partie intégrante, ne peuvent figurer parmi ceux de cette famille qui jouissent, de par leur naissance, du privilège spécial octroyé par Charles VII ; aussi ne sont-ils pas mentionnés dans la Charte.

Cependant, comme il était choquant que les pères, dans le cas où ils seraient, avant leur mariage, de condition roturière, demeurassent non nobles, quand leurs enfants étaient nobles, il fut immédiatement admis que tout roturier épousant une femme de la race de Jeanne d'Arc serait anobli par son mariage et l'application de ce principe, sanctionné par le souverain, devint courante, on l'a vu ; mais c'est, là, tout, et il faut bien distinguer entre la noblesse du père et celle des enfants, dans ces conditions. Les enfants jouissent d'une noblesse transmise à eux, non par leur père, mais *par leur mère,* qui, d'après la volonté du Prince et les termes de la Charte, jouit des mêmes droits que si elle appartenait au sexe masculin et *tient la même place que tiendrait leur père dans la lignée de Jeanne d'Arc, si c'était lui et non elle qui en fît partie.* La race des enfants commence à Jacques d'Arc, père de la Pucelle, premier échelon noble et se continue par transmission naturelle soit par les femmes, soit par les hommes, *sans distinction de sexe,* pour arriver à eux, qui en sont le dernier échelon, absolument de la même façon que s'ils étaient descendus de lui *de père en fils :* « père » et « mère » sont, ici, identiques, puisque la mère est en possession des *prérogatives mâles* et joue le rôle du père dans la formation de la race ; ces enfants sont de la *Famille de la Pucelle* et cette famille est leur vraie, leur seule famille nobiliaire ; leur noblesse est celle de leur mère, la *noblesse de Jeanne d'Arc* et non celle de l'anobli, leur père, qui, lui, n'est pas de son sang ; cela est si vrai, que ce père, s'il se remariait à une femme étrangère à la famille de Jeanne d'Arc, ne pourrait communiquer à ses enfants du second lit que sa noblesse personnelle, la noblesse ordinaire, sans le privilège de transmission en ligne féminine, parce que, *ni lui ni ces enfants ne sont de la famille de Jeanne d'Arc,* seule en possession de ce privilège. Aucun doute à ce sujet; les arrêts, sentences, édits, jugements, etc... rendus en faveur des descendants en ligne féminine de la famille de Jeanne d'Arc sont là pour en faire foi : ceux-ci ne les obtiennent que parce qu'ils sont de « la famille de la Pucelle » ; ils y sont expressément dits « de la race de Jeanne d'Arc », « issus et descendus de la lignée de la Pucelle » et la noblesse qui leur est reconnue est appelée « noblesse de la Pucelle » ; le privilège de transmission en ligne féminine y est dûment spécifié, tant dans le passé que pour l'avenir, tant pour les ascendants que pour les descendants des demandeurs ; il s'agit donc bien de la noblesse spéciale transmise à eux par leur mère et non par leur père, qui n'est pas, par sa naissance, en possession de cette noblesse inhérente au sang de Jeanne d'Arc et qui ne peut donner ce qu'il n'a pas ; aussi Charles X ne fait-il que se conformer à cette jurisprudence, en s'exprimant ainsi dans son ordonnance du 24 novembre 1827, au sujet de Mlle Gaultier, épouse de M. Renaudeau :

« Voulons qu'elle soit censée et réputée noble, tant en jugement que hors jugement, ensemble ses enfants, postérité et descendance en ligne masculine et féminine... ». On le voit, de M. Renaudeau, époux de Mlle Gaultier, aucune mention ; *c'est qu'il ne compte pas* dans la *famille* de Jeanne d'Arc ; il n'est question que de Mlle Gaultier et de ses descendants, parce qu'eux *seuls* en réalité, sont du sang de la Pucelle.

Les actes officiels sont donc positifs à cet égard ; ils spécifient expressément que la noblesse des descendants de la famille de Jeanne d'Arc est une noblesse de race, celle de *sa* race transmise à eux par leur mère, qui en est et non par leur père, qui n'en est pas ; ainsi, leur noblesse date non pas du mariage contracté par le premier de leurs ascendants paternels avec une femme de la famille de la Pucelle, mais *de l'octroi de la Charte par Charles VII à Jeanne et aux siens,* c'est-à-dire de 1429

La Famille Brou de Cuissart

La famille Brou de Cuissart descend directement de Pierre d'Arc, le Chevalier du Lys, frère de Jeanne d'Arc; voici le tableau de cette filiation :

I. *Jacques* d'Arc, né à Ceffonds, près de Montiérender, en 1380, mort en 1431, épouse *Isabelle Romée*, née en 1387, morte le 28 ou 29 novembre 1458, d'où

II. *Pierre d'Arc*, le Chevalier du Lys, seigneur de l'Isle-aux-bœufs, près d'Orléans, chambellan du roi Charles VII, mort avant 1467, épouse en premières noces *Jeanne* de Prouville(enquête de 1551), d'où

III. *Helwide*, (ou Hauvy ou Havix) du Lys, née vers 1450, épouse par contrat du 4 juillet 1467, *Estienne* Hordal, gentilhomme champenois, d'où

IV. *Jean-Estienne* Hordal, mort en 1575, épouse *Alix* de Tannoys, d'où

V. *Marie* Hordal du Lys épouse *Didier* Guillot, maître échevin de Saint-Epvre à Toul, d'où

VI. *Marguerite* ou *Mangeotte* Guillot du Lys épouse *Louis* Le Liepvre, échevin de Toul, d'où

VII. *Jean* Le Liepvre du Lys, baptisé à Toul le 5 novembre 1595, maître échevin de Toul, épouse par contrat du 13 janvier 1644, *Magdeleine* Magnan, d'où *Christophe-Louis*, qui obtint confirmation de sa noblesse en 1674 et

VIII. *Thomas* Le Lièpvre du Lys, écuyer, épouse *Marguerite* Guillot d'où

IX. *Anne* Le Lièpvre du Lys, née en 1686, morte le 20 septembre 1761, épouse Messire *Laurent* de Chazelles, écuyer, seigneur de Lorry-devant-le-Pont, conseiller secrétaire du roi en la chancellerie du Parlement de Metz et Receveur des finances de la Généralité de cette ville, mort à Metz le 30 juin 1752, d'où

X. *Anne-Marie-Joséphine* de Chazelles épouse, le 28 janvier 1744, en premières noces, *Antoine* Goussaud, écuyer, seigneur d'Antilly, Conseiller au Parlement de Metz, né à Metz le 28 août 1707; en secondes noces, le 3 mars 1772, *Jean-Baptiste-Claude* Arnould d'Argent, chevalier, seigneur de Deux-Fontaines, Tulaine, Saint-Quentin et Chevigny, capitaine au corps royal du génie, lieutenant des maréchaux de France. De son premier mariage, Anne-Marie-Joséphine eut

XI. *Anne-Antoinette* Goussaud qui épouse *Marie-Claude-Sébastien* de Beausire, né le 7 janvier 1738, reçu Conseiller au Parlement de Metz, le 12 février 1760, mort en 1805, d'où

XII. *Pierre-Claude-Henry* de Beausire, chevalier, capitaine au régiment d'Auxerrois, baptisé à Metz le 24 novembre 1764, épouse, le 23 juillet 1791, à Paris, *Marie-Anne-Louise* de Treize, d'où

XIII. *Marie-Colette-Antoinette* de Beausire, née le 11 mars 1793, épouse, le 27 septembre 1809, à l'Isle-de-France, *Pierre-Edouard* Brou, capitaine des vaisseaux du roi, chevalier de St-Louis, commandeur de la Légion d'honneur, gouverneur pour le roi Charles X de la colonie du Sénégal et dépendances, major général de la marine (1), né le 21 novembre 1786, mort le 24 février 1862, d'où

XIV. *Henri* Brou de Cuissart, né le 24 mai 1814, mort le 16 novembre 1875, intendant du 10e corps d'armée, commandeur de la Légion d'honneur, épouse en premières noces *Estelle* Viéville, d'où *Pierre-Noël*, inspecteur général des Postes et Télégraphes, directeur général adjoint des Postes et Télégraphes en Indo-Chine, officier de la Légion d'honneur; en secondes noces, *Thérèse-Marie-Geneviève* de Cuissart, d'où *François-Marie-Henri* et *Thérèse-Estelle-Aline-Henriette*, qui suivent; il fut, par décret du 14 janvier 1876, autorisé à ajouter à son nom celui de de Cuissart.

XV. 1o *François-Marie-Henri*, ancien officier, épouse *Adèle-Louise-Laure-Lucy* d'Evoux;

2o *Thérèse-Estelle-Aline-Henriette* épouse *Henri*, baron Stévenin, capitaine-commandant au 6e régiment de cuirassiers, mort en 1884, d'où un fils:

---

(1) La politique lui fit demander son rappel et briser sa carrière, à la révolution de 1830, à l'âge de 44 ans; son cousin, issu de germain, Pierre Brou était chef d'escadron maréchal-des-logis-chef des gardes du corps de Charles X; son père, François, sous-lieutenant des chasses de Louis XVI, avait été guillotiné en 1794 « comme chevalier du Poignard et complice de tous les complots de Capet » (Archives nationales, carton W 1 b 399).

Edouard-Marie-René, baron Stévenin, officier d'infanterie.

Voici de quelle manière la famille Brou de Cuissart prouve cette filiation :

depuis Pierre d'Arc, le chevalier du Lys, frère de Jeanne d'Arc, jusqu'à Thomas Le Lièpvre, elle apporte le jugement de maintenue de noblesse rendu sur preuves de sa descendance en ligne féminine de la famille de Jeanne d'Arc, en 1674, en faveur de Christophe-Louis Le Lièpvre, fils de Jean Le Lièpvre et frère de Thomas dont elle vient. Voinci le document en question :

« ANTOINE BARILLON DE MORANGIS, chevalier, conseiller du Roy en ses conseils d'Estat et privé, Maistre des Requestes ordinaire de son hostel, Intendant de Justice, Police et Finances en la Généralité de Metz, Luxembourg et frontière de Champagne, Juge souverain en cette partie, en exécution de l'arrest du Conseil d'Estat de Sa Majesté, du 27 janvier 1674.

Vue la requeste signée Regnier, procureur au Parlement de Metz, présentée par *Christophe-Louis Le Lièpvre*, escuyer, advocat en Parlement, demeurant à Toul, le 3 mai dernier, ensemble que pour les Causes y contenues, il fut maintenu et gardé en la jouissance et possession des titres, qualitez, rang, séance, honneurs et prééminences, privilèges, authoritez, libertez, exceptions, franchises, immunitez et autres droits dont jouissent les autres gentilshommes du royaume, avec défenses à toutes personnes de l'y troubler, à peine de mille livres d'amende, dommages, intérests et dépens, à l'effet de quoy il serait inscrit dans l'estat et catalogue des gentilshômes de cette Généralité, lesdits requeste et inventaire de production deüement signifiez au sieur Liegeault, procureur du Roy en la Commission, par exploit de Jacques Chardin, huissier audit parlement de Metz, dudit jour, 24 septembre dernier, et par lesquels, ensemble par son arbre de ligne et généalogie, il auroit articulé estre originaire de Domrémy en Lorraine, et descendre de *Jacques DARC* et *Isabelle de Romé*, sa femme, qui eurent pour enfants *Jacquemin Darc*, *Jean Darc*, *Jeanne Darc*, dite la *Pucelle d'Orléans*, et *Pierre Darc*, appelé *le chevalier du Lys*, duquel avec damoiselle *Jeanne* de Prouville, sortit *Haviz du Lys*, mariée à *Estienne Hordal*, gentilhomme champenois, qui eut pour fils *Jean Hordal* qui contracta mariage avec damoiselle *Alix*, et dudit mariage sont issus *Estienne Hordal*, doyen de la Cathédrale de Toul, *Sébastien Hordal*, prestre, *Epvrard Hordal* et *Marie Hordal*, mariée à *Didier Guillot*, maistre eschevin de Saint-Epvre, et de leur mariage sortit *Mengeotte Guillot*, qui espousa *Louys Le Lièpvre*, l'un des magistrats de ladite ville de Toul, de laquelle il eut cinq enfans, *Estienne Le Lièpvre*, chanoine en l'église cathédrale de Toul et archidiacre de Ligny, *Marie Le Lièpvre*, décédée sans enfans, *Claudine Le Lièpvre*, religieuse au couvent de la Congrégation de Notre-Dame de Saint-Mihiel, *Jeanne Le Lièpvre*, mariée à Maistre *Odam* ancien maistre eschevin de la ville de Toul, et *Jean Le Lièpvre*, maistre eschevin de Toul, qui de sa part, et de damoiselle *Magdelaine Magnan*, sa femme, eurent plusieurs enfans, et entre autres *Christophe-Louys Le Lièpvre*, escuyer, advocat en Parlement, demandeur, pour preuve et vérification desquels faits et degrez de filiation, descente, extraction et noblesse, il a rapporté sur les premier, deux, trois, quatre et cinquième degrez desdits *Jacques* et *Pierre Darc*, *Havix du Lys*, *Jean* et *Marie Hordal*, lettres patentes d'anoblissement données par Charles septième d'heureuse mémoire à *Jeanne Darc* dite *la Pucelle d'Orléans*, *Jacques Darc* et *Isabelle de Romé*, ses père et mère, *Jacquemin*, *Jean* et *Pierre Darc*, appelé *le Chevalier du Lys*, frères de ladite Pucelle, ensemble à toute leur lignée et postérité tant en ligne masculine qu'en féminine, née et à naistre en légitime mariage, en considération des grands et signalez services qu'elle avoit rendu à la France au mois de décembre 1429, vérifiées le 26 janvier suivant. Autres lettres de confirmation d'Henry Second du mois d'octobre 1550, vérifiées en la Chambre des Comptes à Paris le dernier avril 1551. Autres lettres dudit feu roy Henry Second du 2 juillet 1556, confirmatives des susdites lettres et priviléges de noblesse, registrées en la Cour des Aydes de Normandie le 13 décembre 1608. Transaction passée à Toul le 2 aoust 1575 entre lesdits *Estienne* et *Sébastien Hordal*, *Epvrard* et *Marie Hordal*, bisayeule du demandeur, qualifiez frères et sœurs, et enfans de *Jean Hordal* et de damoiselle *Alix*. Contract de mariage d'*Havix du Lys*, qualifiée fille de *Pierre Darc* dit *le Chevalier du Lys* et de damoiselle *Jeanne de Prouville*, ses père et mère, avec *Estienne Hordal*, gentilhomme champenois, du 4 juillet 1467. Arrest du Conseil d'Estat du Roy du 19 mai 1670 obtenu par *Claude-François de Gratas*, seigneur de St-Julien, contradictoirement avec Jacques Duret, commis à la recherche des faux nobles en la Généralité de Champagne sur les susdits degrez de filiation et noblesse, comme estant fils de *Claude de Gratas* et de damoiselle *Sébastienne Hordal*, qui estoit fille d'*Epvrard Hordal*, fils desdits *Jean Hordal* et damoiselle *Alix*, sa femme, par lequel arrest il est maintenu en sa qualité de noble et d'escuyer, les pièces mentionnées en iceluy, et produites par ledit de Gratas, justificatives des filiations et descentes desdits *Pierre Darc*, *Havix du Lys*, *Jean*, *Estienne*, *Sébastien*, *Marie* et *Epvrard Hordal*, ayeul et bisayeule desdits *Christophe-Louys Le Lièpvre* et *Claude-François de Gratas*, cousins au troisième et quatrième degrez. Sur le sixième degrez de *Mengeotte Guillot*, testament de ladite *Marie Hordal*, bisayeule du demandeur, du 18 mars 1575, signé Mengin, notaire à Toul, par lequel elle institue ses enfants, et entre autres *Mengeotte Guillot*, sa fille, pour ses héritiers, et nomme pour ses exécuteurs testamentaires *Didier Guillot*, son marit, et *Estienne Hordal*, doyen de Toul, son frère; contract de mariage de ladite *Mengeotte Guillot*, qualifiée fille de *Didier Guillot*, assistée dudit *Estienne Hordal*, doyen de Toul, son oncle, avec *Louys Le Lièpvre*, l'un des juges et magistrats de Toul, du 24 octobre 1588, signé Caillier, notaire à Toul. Testament et codicile dudit *Estienne Hordal*, par lesquels il fait différentes dispositions au profit des enfans dudit *Louys Le Lièpvre*, qu'il qualifie son neveu à cause de ladite *Mengeotte Guillot*, sa nièce, fille de ladite *Marie Hordal*, sa sœur, du 18 avril 1612 et 15 septembre 1615. Sur le septième degré de *Jean Le Lièpvre:* extrait baptistaire dudit *Jean Le Lièpvre*, fils de *Louys Le Lièpvre*, l'un des juges et magistrats de la ville de Toul et de damoiselle *Mengeotte Guillot*, du 5 novembre 1595, signé Marcellis, curé de la paroisse de Sain-Seau du cloistre de ladite ville de Toul; contract de mariage dudit *Jean Le Lièpvre*, fils dudit *Louys Le Lièpvre*, qualifié comme dessus, avec damoiselle *Magdelaine Magnan*, du 13 jan-

LA REVUE HÉRALDIQUE

et Revue des questions Héraldiques réunies

Pour les collections et les réassortiments

S'adresser à la librairie *Em. PAUL et GUILLEMIN*,

28, rue des Bons-Enfants, PARIS (1er)

Pour les éditions, s'adresser au vicomte de MAZIÈRES-MAULÉON château du Reclaud, par la Tour Blanche (Dordogne).

www.ingramcontent.com/pod-product-compliance
Ingram Content Group UK Ltd.
Pitfield, Milton Keynes, MK11 3LW, UK
UKHW021049260726
13994UKWH00005B/2414

9 782019 954895